MW01714876

ÉMELINE LEBOUTEILLER

À la découverte de la TERRE

ILLUSTRATIONS DE PIERRE BEAUCOUSIN

PREMIERS CASTOR DOC Flammarion

Conception graphique : Flammarion
et Frédérique Deviller
Mise en page : Frédérique Deviller

Éditions Flammarion - 87, quai Panhard-et-Levassor - 75647 Paris Cedex 13
ISBN : 978-2-0812-8707-5

SOMMAIRE

1

LA TERRE DANS L'UNIVERS

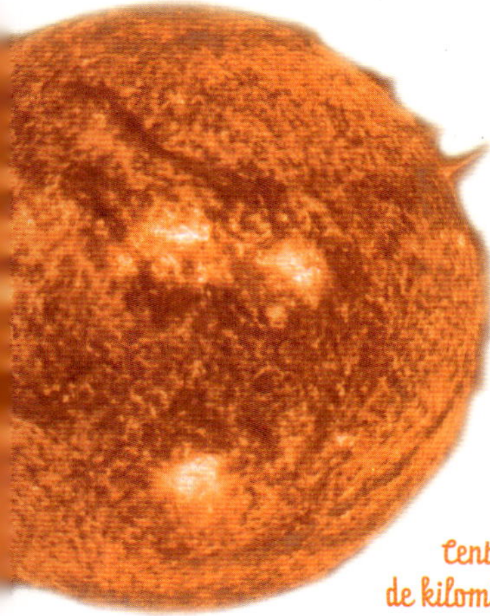

La Terre paraît immense mais ce n'est qu'une planète minuscule dans l'Univers. Elle tourne sans cesse autour du Soleil. Le Soleil, lui, n'est qu'une étoile ordinaire parmi les milliards d'autres qui composent notre galaxie, appelée la Voie lactée. Et des galaxies, il y en a des milliards !

Cent fois plus gros que la Terre, le Soleil mesure près d'un million et demi de kilomètres de diamètre ! À sa surface, sa température est de 6 000 °C.

Notre étoile

Le Soleil est une étoile comme les autres. S'il nous paraît plus gros et plus brillant que les points lumineux qui parsèment le ciel à la nuit tombée, c'est parce qu'il est beaucoup plus proche de nous. Comme toutes les étoiles, le Soleil est une gigantesque boule de gaz brûlant.

Des chiffres à donner le tournis !
La Terre se trouve à 150 millions de km du Soleil et Neptune à près de 5 milliards de km... Si l'on représente le Soleil par un ballon de foot, la Terre devient un petit pois situé à 58 m de celui-ci, Jupiter une pomme éloignée de 300 m...

... et ses planètes

Autour du Soleil, tournent, comme dans un gigantesque manège, une multitude de corps célestes : huit planètes (dont la Terre), des astéroïdes (petites planètes), des comètes, d'innombrables poussières et débris. Tous ensemble ils forment le système solaire.

Qu'est-ce qu'une planète ?
Une planète est un astre froid qui, à l'inverse des étoiles, ne produit pas de lumière.

Le diamètre de la Terre est de 12 756 km, celui de Jupiter, la plus grosse de nos planètes, avoisine 143 000 km.

Les constellations autour de l'étoile polaire. Grâce à une longue pose photographique (plus d'une heure), la rotation des étoiles autour de l'axe des pôles se transforme en véritable tourbillon.

Ciel d'été, ciel d'hiver

Une constellation
C'est un groupe d'étoiles qui forment des dessins dans le ciel, la constellation de la Grande Ourse, par exemple.

Lors d'une belle nuit d'été, les constellations offrent un somptueux spectacle. Si l'on revient six mois plus tard au même endroit et à la même heure, on constate que le ciel n'est plus le même : les constellations ont bougé. Mais en fait c'est la Terre qui s'est déplacée.

La course des planètes

Révolutions différentes
Toutes les planètes n'effectuent pas leur révolution (mouvement d'un astre autour du Soleil) en 365 jours. Il faut seulement 88 jours à Mercure pour faire un tour complet autour du Soleil. En revanche, Neptune met près de 165 ans pour revenir à son point de départ !

En effet, la Terre, comme toutes les planètes du système solaire, tourne autour du Soleil en suivant un chemin presque circulaire, appelé orbite. Elle le parcourt en 365 jours et 6 heures. Au bout de cette période, qui définit une année, la Terre revient à la même place par rapport au Soleil. Elle a parcouru un milliard de kilomètres.

Toupie terrestre

La Terre tourne autour du Soleil, mais elle tourne aussi sur elle-même, comme une toupie. C'est pourquoi nous voyons le Soleil se déplacer dans le ciel, d'Est en Ouest, alors que c'est nous qui tournons.

La ronde des jours et des nuits

La Terre effectue un tour complet sur elle-même en 24 heures, c'est la durée d'une journée.
À chaque instant, une moitié du globe est éclairée par le Soleil, et l'autre plongée dans la nuit.
Ainsi quand les enfants japonais s'apprêtent à partir pour l'école, les Français dorment sur leurs deux oreilles.
Douze heures plus tard, la Terre a pivoté d'un demi-tour : le Japon se retrouve dans la nuit, et la France est en plein jour.

La planète Terre
Chaque point de la planète se trouve alternativement dans la lumière et dans l'obscurité.

Le ciel de nos ancêtres

Autrefois, les hommes pensaient que c'étaient le ciel et le Soleil qui bougeaient, tout comme le voyageur a l'impression que le quai de la gare recule quand son train démarre.

LES SAISONS ET LA LUNE

La Terre penche...

La Terre n'est pas droite comme un « i ». Son axe, la ligne imaginaire qui passe par les deux pôles, est légèrement incliné. Ainsi, quand le pôle Nord est proche du Soleil, l'hémisphère Nord reçoit davantage de lumière et de chaleur que l'hémisphère Sud, les jours sont plus longs : c'est l'été.

1 ... ou la valse des saisons

Six mois plus tard, lorsque le pôle Nord s'est éloigné du Soleil, l'hémisphère Nord reste plus longtemps dans l'obscurité, les journées sont brèves. L'hiver s'installe, tandis que l'été commence dans l'hémisphère Sud.

Au niveau de l'équateur, les jours et les nuits sont toujours de même durée et il fait chaud toute l'année.

1 Les saisons

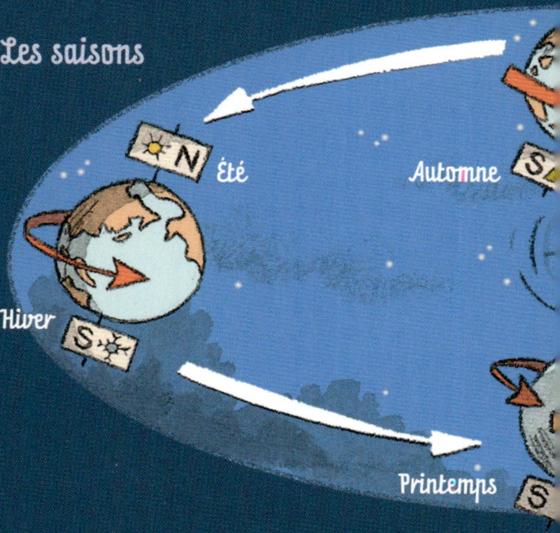

La Lune 2

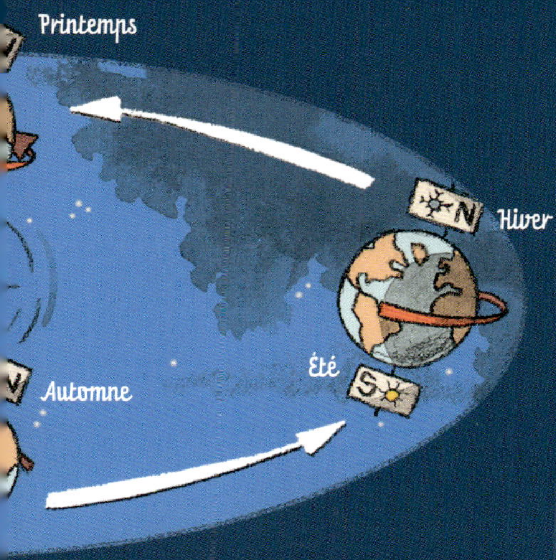

3 Les phases de la Lune

2 La face cachée de la Lune

La Terre possède un satellite, la Lune, qui tourne autour d'elle, comme les planètes tournent autour du Soleil. Quatre fois plus petite que la Terre, la Lune boucle un tour complet en 27 jours et 8 heures. Elle présente toujours le même côté : il y a donc une face que l'on ne voit jamais.

La Lune est presque quatre fois plus petite que la Terre. Le Soleil mais surtout la Lune, parce qu'elle est proche, attirent la Terre. Cette attraction provoque une déformation des océans et crée les marées.

3 Les phases de la Lune

Pendant son voyage autour de la Terre, la Lune n'est jamais éclairée de la même façon par le Soleil. Aussi nous la voyons tantôt complètement illuminée, tantôt sous forme d'un croissant plus ou moins large, tantôt tout à fait sombre. C'est ce qu'on appelle les phases de la Lune : premier quartier, pleine lune, dernier quartier, nouvelle lune.

2

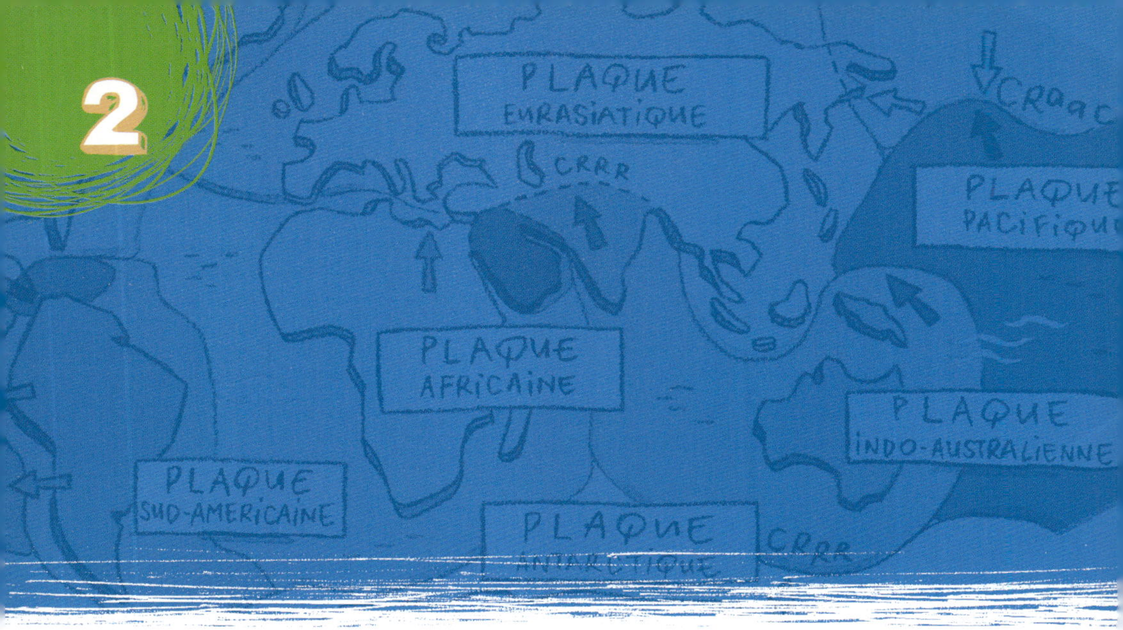

UNE PLANÈTE ACTIVE

La Terre, vue depuis l'espace, offre un spectacle calme et tranquille, avec ses continents sagement répartis au milieu des océans. Mais ces apparences sont trompeuses. En effet la Terre est un astre en pleine activité, qui nous le rappelle parfois avec violence...

Six continents

Notre planète est couverte de vastes étendues de terres entourées d'océans : les continents. Ces continents, qui occupent surtout l'hémisphère Nord, sont au nombre de six : l'Eurasie (formée de l'Europe et de l'Asie), l'Afrique, l'Amérique du Nord, l'Amérique du Sud, l'Océanie et enfin, un continent froid et inhabité, l'Antarctique. Les continents semblent immobiles et pourtant, comme d'énormes navires, ils ne cessent de voyager...

5, 6 ou 7 continents ?
Les continents ne sont pas toujours définis de la même façon. Parfois, l'Antarctique est ignoré car il est inhabité. Certains distinguent l'Europe et l'Asie, d'autres regroupent les deux Amériques. Sur le drapeau olympique, par exemple, les continents sont représentés par 5 anneaux : l'Afrique, l'Amérique, l'Asie, l'Europe et l'Océanie.

L'Australie et les îles du Pacifique

Le pays des kangourous, l'Australie, est une île quatorze fois plus grande que la France. Dans cette partie du Pacifique s'égrène également toute une ribambelle d'îles plus petites, parmi lesquelles la Nouvelle-Zélande, les îles de Polynésie, de Mélanésie...
Cet ensemble d'îles forme l'Océanie, l'un des six continents.

L'Australie vue de l'espace
Vaste comme 14 fois la France, l'Australie est encore peu peuplée. C'est un pays désertique, en dehors des bordures est et sud, au climat tempéré.

Les continents occupent environ 30 % de la surface du globe.

– 250 Ma Il existe un unique grand continent, la Pangée, entouré d'un immense océan, la Panthalassa.

– 135 Ma La Pangée donne naissance à 2 continents : la Laurasie et le Gondwana, séparés par l'océan Téthys.

– 65 Ma Le Gondwana se scinde en 2 blocs, l'Afrique et l'Amérique du Sud. Puis la Laurasie donne l'Amérique du Nord et l'Eurasie.

Puzzle terrestre

Regardez bien la côte Ouest de l'Afrique et la côte Est de l'Amérique du Sud. Elles s'emboîtent presque exactement l'une dans l'autre. Il y a cent ans, des scientifiques ont découvert des deux côtés de l'Atlantique Sud des roches identiques, vieilles de 200 millions d'années, que l'on ne trouvait nulle part ailleurs sur Terre. Ils en ont conclu qu'à cette époque ces deux continents n'en formaient qu'un seul. Ainsi est née l'idée du déplacement (ou dérive) des continents.

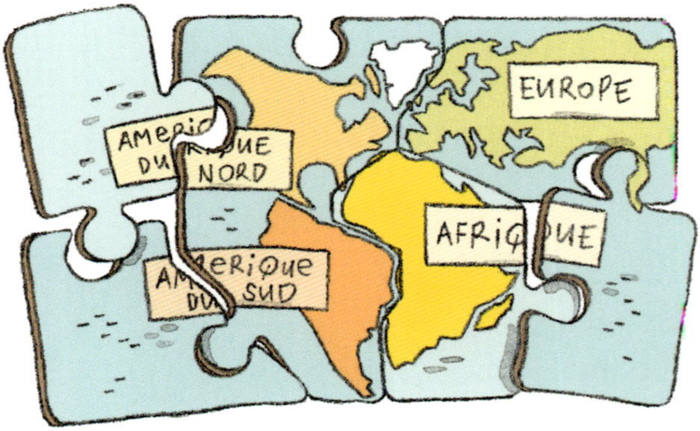

Les deux continents, l'Afrique et l'Amérique, emboîtés.

La danse des continents

Petit à petit, les chercheurs sont parvenus à retracer le lent cheminement des continents, qui continue d'ailleurs de nos jours. Dans plusieurs millions d'années, la Terre aura un autre visage : l'Australie et l'Afrique auront poursuivi leur route vers le nord, la mer Méditerranée aura disparu.

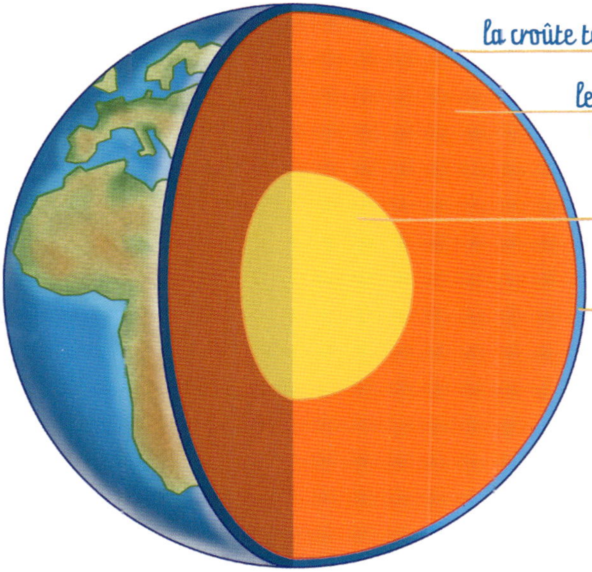

Coupe de la Terre. Comme un œuf dur dont la coquille serait brisée, la Terre est formée de trois couches.

Les entrailles de la Terre

La Terre se compose de trois couches : le noyau, au centre, formé d'une graine solide entourée d'une enveloppe liquide ; le manteau, visqueux en profondeur et rigide dans sa partie supérieure ; enfin, la croûte terrestre, rigide elle aussi et plus mince. La croûte terrestre et la partie supérieure du manteau forment ensemble une sorte d'écorce craquelée, la lithosphère.

Le manteau, en profondeur, est animé de grands courants qui, lentement, entraînent les plaques. C'est ainsi qu'elles se rapprochent, s'éloignent ou coulissent l'une contre l'autre, entraînant dans leurs mouvements les continents.

Un cœur brûlant

À mesure que l'on s'enfonce dans les entrailles de la Terre, la température augmente. Elle atteint 5 500 °C au centre du noyau !

LA NAISSANCE DES MONTAGNES

1 De grands radeaux

La lithosphère est constituée d'une douzaine de plaques, appelées plaques tectoniques, qui se déplacent à la vitesse de quelques centimètres par an. Certaines portent un continent, d'autres un océan, d'autres encore à la fois un océan et un continent. Comme d'immenses radeaux, elles flottent sur la partie molle du manteau.

2 La naissance des montagnes

Les mouvements des plaques sont imperceptibles. Mais en plusieurs millions d'années, ils sont capables de faire surgir les plus hautes montagnes. Lors de la rencontre de deux plaques, les bords se soulèvent, ou alors l'une des plaques vient glisser sous l'autre, qui se redresse. C'est ainsi que sont nées toutes les chaînes de montagnes du globe.

1 Les limites de plaques

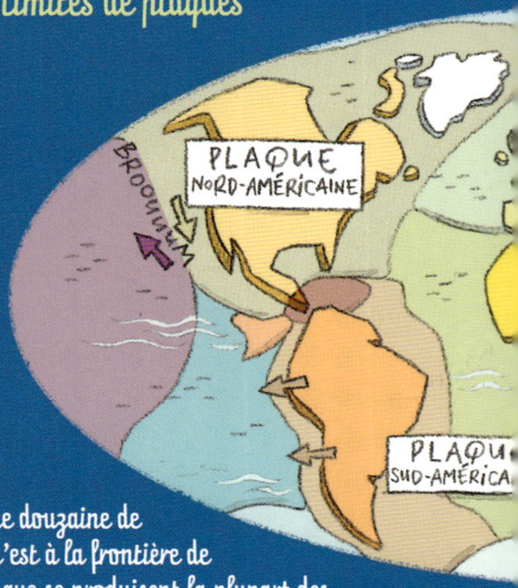

Il existe une douzaine de plaques et c'est à la frontière de ces plaques que se produisent la plupart des phénomènes géologiques : séismes, éruptions volcaniques, formation des montagnes et des océans.

2 La formation de l'Himalaya

L'Himalaya, la plus haute chaîne du monde (environ 8 000 m) est née du choc de l'Inde contre l'Asie.

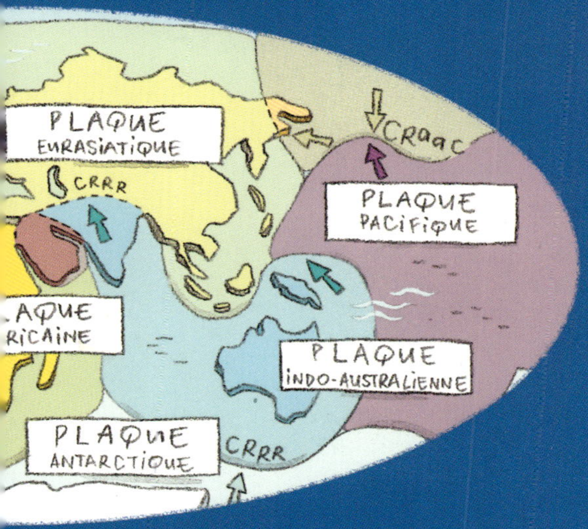

Comme les tôles de deux voitures qui s'encastrent, les roches ont été pliées, broyées, basculées, soulevant des reliefs de plusieurs milliers de mètres. Aujourd'hui encore, l'Inde continue de s'enfoncer dans l'Asie, à la vitesse de 5 cm par an.

Des montagnes sous les mers

Les plus longues chaînes de montagnes du monde se cachent au fond des océans.

Hautes de 2 000 m en moyenne, elles forment une sorte d'immense colonne vertébrale qui serpente sur plus de 60 000 km à travers tous les océans. C'est pourquoi on les nomme dorsales océaniques.

La fabrique de plaques

Les montagnes sous-marines naissent de la séparation de deux plaques.

Elles sont en fait des volcans qui fabriquent de la croûte en permanence.

Le long de ces grandes cicatrices, les roches en fusion du manteau, que l'on appelle magma, remontent par les fissures et se solidifient en se refroidissant au contact de l'eau.

Cette croûte toute jeune est ensuite poussée par une nouvelle montée de magma. Et les plaques s'écartent ainsi indéfiniment de la dorsale.

3

LA TERRE EN COLÈRE

Les mouvements des plaques terrestres, malgré leur lenteur, provoquent les cataclysmes les plus spectaculaires connus sur Terre : les éruptions volcaniques et les tremblements de terre.

La libération des gaz crée d'impressionnantes fontaines de lave.

Aujourd'hui les volcans de la chaîne des Puys ont leur sommet couvert d'herbe courte.

Cracheurs de feu

Les volcans sont des montagnes formées par la remontée, depuis les entrailles de la Terre, de roches fondues, le magma. Le magma s'accumule d'abord dans une poche. Puis, il s'élève vers la surface et crève la croûte terrestre, provoquant une éruption volcanique.
La Terre abrite près de 10 000 volcans, dont la plupart se situent à la frontière entre deux plaques terrestres. Certains, nés dans l'océan, sont des îles volcaniques. Beaucoup sont morts depuis longtemps. Mais plus de 1 500 volcans sont actifs...

Volcans morts, volcans vivants

Les spécialistes des volcans considèrent qu'un volcan est vivant quand il est entré en éruption au moins une fois depuis 10 000 ans. Sinon, on dit qu'il est mort.

Un sommeil trompeur

Depuis la dernière éruption il y a 7 000 ans, les volcans d'Auvergne dorment paisiblement. Mais il est fort possible qu'ils se réveillent dans 50, 100, 1 000 ans ou plus...

Un puy

C'est le nom donné à un volcan en Auvergne.

Îles volcaniques

Il existe aussi des volcans sous-marins. Le magma s'accumule et certains finissent par émerger, formant des îles comme la Guadeloupe, la Martinique, la Réunion...

Au cœur des volcans

Quand le magma est très visqueux et riche en gaz, un nuage de cendres, de poussières et de morceaux de magma, appelé panache, est violemment expulsé.

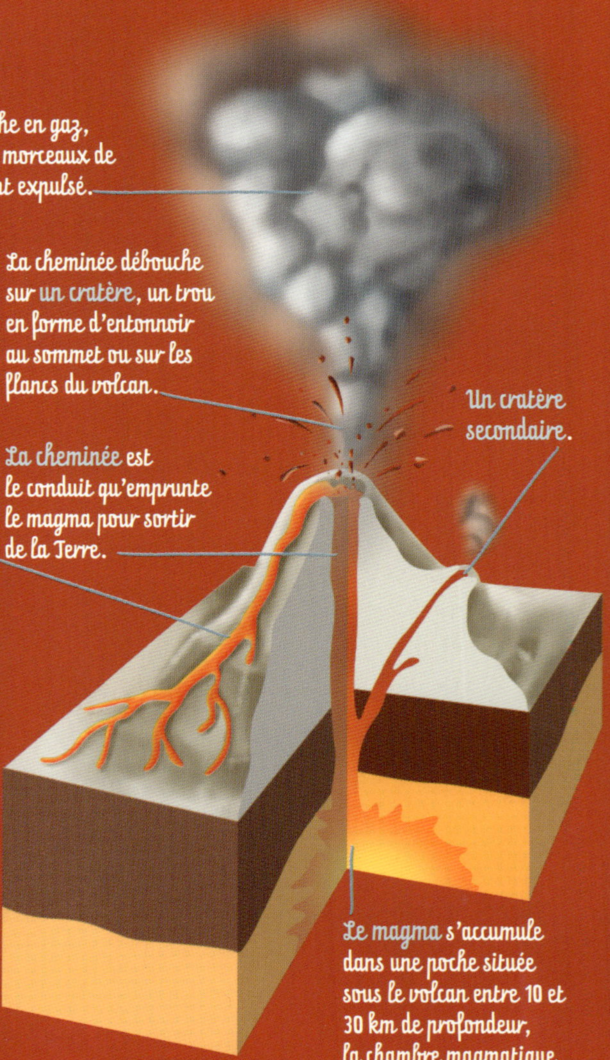

La cheminée débouche sur un cratère, un trou en forme d'entonnoir au sommet ou sur les flancs du volcan.

Un cratère secondaire.

Si le magma est très liquide et contient peu de gaz, il se déverse sur les pentes du volcan en coulées de lave.

La cheminée est le conduit qu'emprunte le magma pour sortir de la Terre.

Parfois, le volcan éjecte des morceaux de lave qui se consolident en vol ou au moment de l'atterrissage, les bombes volcaniques.

Le magma s'accumule dans une poche située sous le volcan entre 10 et 30 km de profondeur, la chambre magmatique.

Par les fissures du volcan s'échappent des gaz volcaniques et de la vapeur d'eau, les fumerolles.

Le piton de la Fournaise

Le piton de la Fournaise sur l'île de la Réunion est un des volcans les plus actifs au monde. Presque chaque année, son magma très liquide se déverse en longues coulées de lave. Les gaz, qui s'en échappent facilement, font jaillir d'impressionnantes fontaines de lave à plusieurs centaines de mètres de hauteur.

Volcans gris, volcans rouges
On distingue deux types de volcans : les volcans gris qui explosent et sont les plus dangereux, et les volcans rouges qui coulent.

Les bienfaits des volcans

Les volcans représentent une extraordinaire source de richesse. Les cendres qui retombent tout autour se transforment en engrais et l'eau qui s'infiltre dans le sol est naturellement chauffée avant de remonter à la surface. Les hommes apprécient donc leurs pentes fertiles même s'ils redoutent les éruptions qui peuvent causer la mort de milliers de personnes, détruire les habitations et les cultures.

Les cadeaux des volcans
Les volcans produisent des pierres utiles pour la construction, comme le granite et le basalte, du souffre et des métaux (cuivre, fer, or) et même des pierres précieuses (des diamants).

En Indonésie, les terres volcaniques, aidées par les pluies et le soleil, sont si riches qu'elles permettent trois récoltes de riz par an (habituellement une seule est possible).

QUAND LA TERRE TREMBLE

Pourquoi la Terre tremble-t-elle ?

Comme les éruptions volcaniques, les tremblements de terre (ou séismes) se produisent à la frontière des plaques. Lorsque deux plaques se rencontrent, la croûte terrestre se tord puis finit par casser. Les vibrations provoquées par la rupture remontent à la surface, creusant des fissures de quelques centimètres à plusieurs kilomètres de long.

Une gigantesque faille

Longue d'environ 1 000 km, la faille de San Andreas est à l'origine de plusieurs centaines de tremblements de terre par an, dont le séisme de San Francisco. Cette spectaculaire cicatrice marque la frontière le long de laquelle les plaques pacifique et nord-américaine glissent l'une contre l'autre.

1 Cette fracture de l'écorce terrestre court du golfe de Californie au nord de San Francisco.

San Francisco dévastée

Le 18 avril 1906, la ville de San Francisco en Californie (États-Unis) est brutalement réveillée. De violentes secousses soulèvent le sol. Des immeubles s'effondrent. La rupture des canalisations de gaz provoque de gigantesques incendies. La catastrophe fit près d'un millier de victimes et près de 20 000 sans-abri.

② *Tremblement de terre à San Francisco (Californie).*

La force des séismes

On enregistre chaque année plusieurs centaines de milliers de secousses de la croûte terrestre. La plupart sont très faibles et se manifestent tout au plus dans les maisons, par un léger balancement des lustres. Les plus violents peuvent entraîner la destruction des bâtiments et la modification du paysage. Plusieurs échelles, dont celle de Richter, permettent de mesurer l'ampleur d'un séisme.

Un séisme est considéré comme fort à partir du degré 6 sur l'échelle de Richter. Le plus gros tremblement de terre jamais enregistré s'est produit au Chili le 22 mai 1960. Il a atteint 9,5 degrés sur l'échelle de Richter !

③ *Tremblement de terre à Taïwan (Asie).*

Des vagues dévastatrices

Un tsunami
« Tsunami » est un mot japonais qui signifie « grande vague dans le port ».

À la vitesse d'un avion
Les vagues géantes avancent à plus de 500 km/h, la vitesse d'un avion.

Lorsqu'un tremblement de terre ou une éruption volcanique se produit en mer, l'eau se soulève en vagues géantes, qui peuvent parcourir des milliers de kilomètres. En mer, elles passent inaperçues, mais en arrivant près des côtes elles gonflent et forment un mur d'eau qui peut atteindre 30 mètres de haut. Sur le rivage s'abattent alors 7 à 8 vagues qui détruisent tout sur leur passage. Ce phénomène est appelé raz-de-marée ou tsunami.

UN TSUNAMI DÉFERLE EN ASIE

Le 26 décembre 2004, d'énormes vagues de 10 m de haut dévastent les côtes du sud-est de l'Asie et provoquent la mort de 230 000 personnes. Quelques heures plus tôt, un puissant séisme, de magnitude 9 sur l'échelle de Richter, a ébranlé les fonds marins au large de l'île de Sumatra en Indonésie. Le tsunami s'est propagé sur près de 3 000 km !

Le tsunami qui a ravagé le sud-est de l'Asie n'a pas pu être détecté à temps. Lorsque les vagues se sont abattues sur les côtes asiatiques, personne ne s'y attendait.

Exercice d'entraînement dans une école, au Japon. Dès la maternelle, les enfants apprennent les gestes à adopter : garder son calme, évacuer les lieux dangereux, se mettre à l'abri…

Les animaux donnent l'alerte !
Des animaux qui tentent de s'échapper, des serpents qui quittent leur terrier… Grâce à ces signes anormaux, les Chinois ont pu prévoir le séisme de Haicheng, en 1975.

À l'écoute de la Terre

Pour l'instant, on ne sait pas prévoir les séismes. Les spécialistes surveillent donc en permanence leurs sismographes dans les zones à risque pour détecter à temps les secousses, les localiser et déterminer leur force. Les éruptions volcaniques, elles, sont précédées par des signes annonciateurs : le sol tremble, des fissures apparaissent sur les pentes du volcan, des gaz s'échappent. Des appareils mesurent automatiquement ces changements. En cas de danger l'alerte est donnée et les populations sont évacuées.

Se protéger des séismes

Régulièrement affecté par de gros séismes, le Japon est un bon exemple en matière de prévention. Les bâtiments construits sont capables de résister à de fortes secousses. Des centaines d'appareils guettent 24 heures sur 24 les plus petits mouvements du sol.

4

LA PLANÈTE BLEUE

Lorsque l'astronaute Neil Armstrong a posé le pied sur la Lune en 1969, la Terre lui est apparue au travers des nuages comme une grosse boule bleue tachée du beige des continents.
Pas étonnant : la Terre est en grande partie recouverte d'eau.

En pleine mer, l'horizon paraît arrondi.

Planète océan

Les océans occupent près des trois quarts de la surface de la planète. Les quatre océans – Pacifique, Atlantique, Indien et l'océan glacial Arctique – sont tous reliés entre eux. Ensemble ils forment l'océan mondial. L'océan Pacifique est le plus grand et le plus profond de tous. Il renferme autant d'eau que tous les autres réunis.

Et l'eau douce ?

On trouve l'eau douce dans les fleuves et les lacs, mais la plus grande partie est stockée sous terre, ainsi que dans les glaciers des hautes montagnes et des pôles. Sans oublier les minuscules gouttes d'eau qui constituent les nuages.

La Terre vue du pôle Sud.

Mer ou océan ?

Les mers sont moins profondes, plus petites et plus salées que les océans. Elles sont en partie entourées de terre.

Une goutte d'eau sur une orange

La Terre contient 1,5 milliard de km³ d'eau (soit 1 500 milliards de milliards de litres). Cela semble énorme, mais si on représente la Terre par une orange, cette quantité d'eau équivaut à peine à une goutte d'eau...

Les océans stockent plus de 97 % de l'eau disponible sur Terre. L'eau douce constitue à peine 3 % de cette eau.

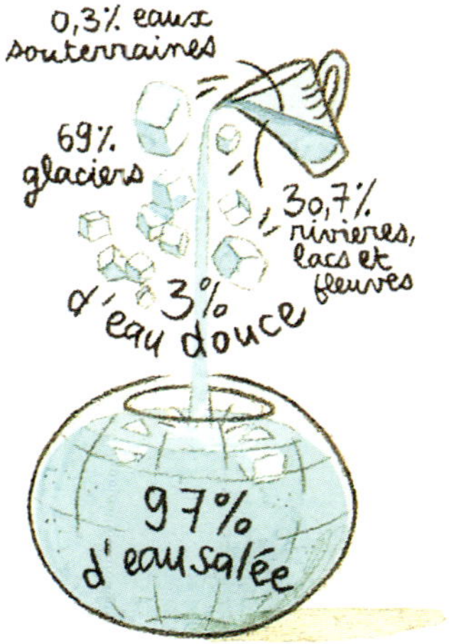

LE GRAND VOYAGE DE L'EAU

L'eau des mers s'évapore

Chauffée par le Soleil, l'eau des océans, des lacs et des rivières s'évapore et se transforme en vapeur. Celle-ci, en montant dans l'atmosphère, se refroidit et se condense, donnant naissance à des petites goutelettes qui s'agglutinent aux nuages.

Gouttes chaudes ou glacées

Les gouttes d'eau des nuages, lorsqu'elles sont trop nombreuses, retombent sur terre sous forme de pluie ou d'averse. S'il fait froid, l'eau gèle dans les nuages. Des cristaux de glace se soudent entre eux et tombent sous forme de neige ou de grêle.

Les nuages qui s'agglutinent au-dessus de nos têtes prennent des formes variées.

Le voyage recommence

La plus grande partie de cette eau tombe dans les océans. Le reste s'infiltre dans le sol pour former des nappes souterraines, gèle au niveau des glaciers et des calottes glaciaires, ou ruisselle pour rejoindre les torrents, les rivières puis les fleuves avant de retourner à l'océan. Elle s'évapore à nouveau, et son voyage recommence.

De la montagne à la mer

En montagne, l'eau de pluie et l'eau issue de la fonte des neiges forment une multitude de petits ruisseaux qui dévalent les pentes et se rassemblent en torrents aux flots impétueux.

Lorsque la pente est plus douce, le courant diminue. Le torrent devient alors une rivière, plus large et plus profonde, qui serpente et recueille sur son passage les eaux d'autres rivières.

Enfin, les rivières se rejoignent et forment un fleuve large et profond au tracé sinueux qui s'écoule jusqu'à la mer.

Un désert qui grandit

Le Sahel, région d'Afrique bordant le sud du Sahara, a connu plusieurs périodes de sécheresse depuis le début du XXe siècle. Des terres autrefois cultivées se sont asséchées et le sable gagne un peu plus de terrain chaque année.

Les caprices du temps

L'homme a besoin de l'eau pour vivre. Il la boit, s'en sert pour arroser les cultures, l'utilise dans l'industrie et pour produire de l'énergie. Alors si l'eau vient à manquer ou si elle tombe en trop grosse quantité, les conséquences peuvent être dramatiques.

La sécheresse

Certains pays tropicaux d'Afrique ou d'Asie sont particulièrement exposés à la sécheresse. Ils reçoivent moins de 250 millimètres d'eau par an. En comparaison, il tombe en France en moyenne 750 à 800 millimètres d'eau en une année. Un retard dans la saison des pluies ou l'insuffisance des précipitations peuvent anéantir les récoltes et le bétail, assécher les points d'eau et provoquer la famine.

Une terre asséchée et craquelée. Dune de Sossusvlei dans le désert en Namibie (Afrique).

Les inondations

Les inondations sont fréquentes, et peuvent être dangereuses et destructrices. Elles surviennent après des pluies anormalement abondantes et brutales, ou quand il pleut sans arrêt pendant plusieurs jours. Dans les deux cas, les rivières et les fleuves gonflent et sortent de leur lit : c'est la crue. Le sol, qui habituellement joue le rôle d'une grosse éponge, ne peut plus absorber toute l'eau qu'il reçoit. Celle-ci noie alors les terres et les agglomérations.

Des inondations pas toujours naturelles

L'homme accroît les risques d'inondation en empêchant l'eau de circuler normalement et de s'infiltrer dans le sol. En effet, le développement des villes et la construction des routes rendent le sol imperméable.

Ouvriers allant à l'usine dans une rue inondée au Bangladesh (Asie).

PLUIES DE MOUSSON

En Asie, certains pays vivent au rythme de deux saisons. L'hiver est marqué par des vents froids et secs venus des montagnes. À l'inverse, durant l'été, des vents chargés d'humidité en provenance de la mer apportent des pluies abondantes, souvent responsables d'inondations. C'est le phénomène des moussons. Ces pluies sont attendues avec impatience, même si elles causent parfois des catastrophes car la survie des populations en dépend.

L'AIR EN COLÈRE

Les vents

La couche d'air qui entoure la Terre et que nous respirons, l'atmosphère, est constamment en mouvement : l'air chaud, léger, a tendance à s'élever, et l'air froid, plus lourd, à descendre. Le vent est de l'air qui se déplace depuis les régions de haute pression (où il y a beaucoup d'air) vers les régions de basse pression.

1 Un, deux, trois... tonnerre

45 000 orages éclatent chaque jour sur Terre, provoquant plus de 8 millions d'éclairs. Les nuages d'orage, les cumulonimbus, se forment lorsque l'air chaud et humide s'élève. Les nuages chargés électriquement se déchargent brutalement, entre eux, ou vers le sol : ce sont les éclairs.

Le bruit qui accompagne l'éclair, le tonnerre, nous parvient avec retard car le son se propage plus lentement que la lumière.

2 Les cyclones tropicaux

Gigantesques tempêtes tourbillonnantes, les cyclones naissent dans les mers tropicales. L'air chaud et humide s'élève et forme de gros nuages d'orage, qui s'enroulent en spirale autour d'une zone centrale et calme, l'œil du cyclone.

S'ils atteignent la côte, des raz-de-marée envahissent les terres, aggravant l'effet des pluies diluviennes et des vents violents. Heureusement, parvenus à terre, les cyclones s'épuisent peu à peu, puis meurent.

Selon les pays, les cyclones tropicaux sont appelés ouragans, hurricanes, typhons, willy-willies, baguios ou chubascos.

3 Tornades

Les tornades prennent naissance entre le sol et un nuage d'orage. Souvent accompagnés de fortes pluies et de violents orages, ces tourbillons d'air se comportent comme de gigantesques aspirateurs arrachant tout sur leur passage : voitures, bateaux, arbres, toits des maisons...

Tornade sur la plaine au centre des États-Unis. Dans une tornade, les vents peuvent atteindre 600 km/h.

5

PAYSAGES DE LA TERRE

Chaque printemps, la sterne arctique quitte le pôle Sud où elle a passé l'hiver. Elle rejoint le pôle Nord pour pondre, et élever ses petits ! Au cours de son périple, elle survole des terres couvertes de glace, des déserts arides, des forêts humides, de vertes prairies...

La sterne arctique parcourt près de 20 000 km.

Des climats et des paysages

C'est au Soleil que l'on doit l'extrême variété des paysages terrestres, car c'est lui qui est responsable des différents climats qui se succèdent depuis l'équateur jusqu'aux pôles. Aux pôles, le Soleil est bas dans le ciel. Il fait froid et sec. À mesure que l'on se dirige vers l'équateur, le Soleil monte toujours plus haut et il fait de plus en plus chaud. Les océans ajoutent leur note en apportant pluies et douceur aux régions qui en sont proches.

Soleil de minuit
En été, le pôle est toujours éclairé par le Soleil qui ne se couche jamais. Au cours de la nuit, le Soleil rase l'horizon puis remonte dans le ciel. L'hiver, il n'apparaît pas. Il fait nuit pendant 6 mois.

Soleil de minuit au pôle Sud.

La chaleur du Soleil

Aux pôles, les rayons sont « rasants ». Ils traversent une grande épaisseur d'air et chauffent donc peu. Près de l'équateur, les rayons du Soleil parcourent une distance plus courte dans l'atmosphère. À l'équateur, les rayons du Soleil arrivent verticalement. Ils parcourent une distance plus courte dans l'atmosphère : il fait chaud.

LES CLIMATS

Chaud

Climat équatorial

Il fait chaud et humide toute l'année. La végétation se compose de forêts toujours vertes, avec de très grands arbres.

Climat tropical

Il fait tout le temps chaud. L'année est rythmée par deux saisons, une sèche et une humide. C'est le domaine de la savane.

Climat désertique

Le temps sec et chaud toute l'année rend la vie très difficile. Des étendues de sable, de pierre et des steppes s'étalent à perte de vue.

Tempéré

Climat méditerranéen

Les hivers sont doux et pluvieux, les étés secs et chauds. Garrigues et maquis se partagent ces territoires.

Climat continental

À l'intérieur des continents, les hivers

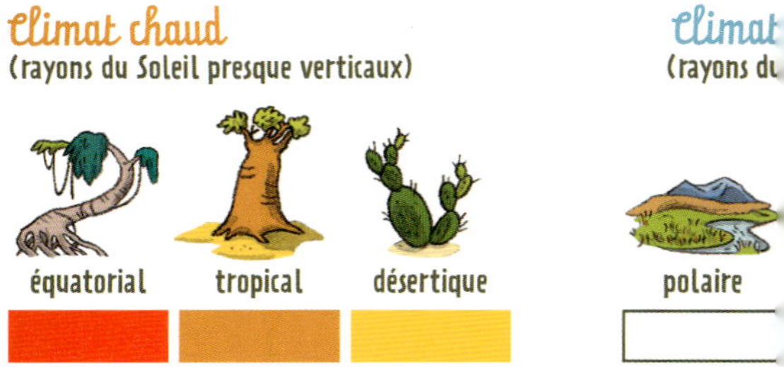

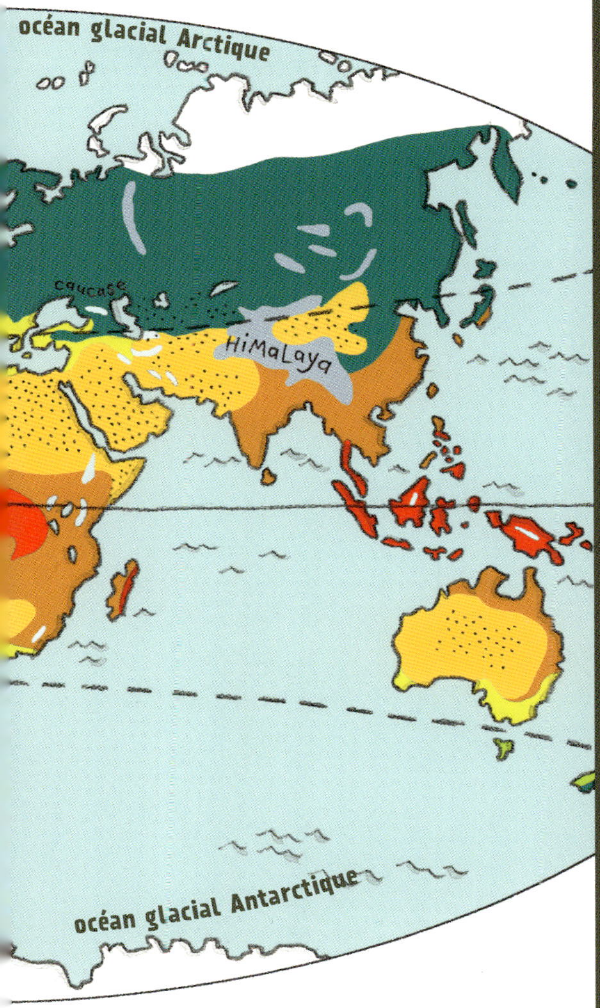

roid
Soleil rasants)

Climat tempéré
(rayons du Soleil plus ou moins obliques)

montagnard | méditerranéen | continental | océanique

très rudes et les étés chauds sont propices aux grandes forêts de sapins et de bouleaux, la taïga mais aussi aux grandes prairies.

Climat océanique

Soumis à l'influence de l'océan, les étés et les hivers sont doux, et le climat est humide toute l'année. Des forêts de feuillus et des prairies y ont élu domicile.

Froid

Climat polaire

Les étés froids laissent place à des hivers encore plus froids. Les précipitations sont faibles. À mesure que l'on se rapproche des pôles, la toundra, composée d'arbres rabougris, de buissons, de mousses et de lichens, laisse place à de grandes étendues de glace.

Climat montagnard

Les reliefs perturbent la circulation de l'air et barrent la route aux nuages. Avec l'altitude, les températures diminuent et les précipitations sont plus abondantes. Des espèces disparaissent, d'autres apparaissent : la végétation se dispose en étage avant de disparaître complètement.

Pôle Sud

Au pôle Sud, le continent Antarctique est isolé du reste du monde par les océans Pacifique, Atlantique et Indien. Une épaisse calotte glaciaire le recouvre d'où dépassent quelques sommets. Avec des températures oscillant entre –10 et –91 °C, aucune population humaine ne s'y est jamais installée. Seuls des scientifiques viennent y faire des séjours.

L'inlandsis
Les deux plus grands glaciers du monde se trouvent de part et d'autre du globe. Le Groenland au nord et l'Antarctique au sud sont recouverts d'une épaisse calotte de glace, l'inlandsis, qui s'étend jusqu'à la mer.

Pôle Nord

Dans l'Arctique, autour du pôle Nord, le froid est un peu moins intense. Mais le thermomètre y dépasse pourtant rarement les –10 °C. L'Arctique se compose d'un océan recouvert en grande partie d'eau de mer gelée (la banquise) et entouré de terres.

À chacun son pôle

Les pingouins vivent au pôle Nord. Ils ne dépassent pas 40 cm de haut et leurs petites ailes leur permettent de voler. Les manchots se rencontrent uniquement au pôle Sud. Les plus grands peuvent mesurer jusqu'à 1,20 m mais ils sont incapables de voler : leurs ailes leur servent de nageoires.

Manchot de terre Adélie (pôle Sud).

Pingouin torda en Islande (pôle Nord).

Des espèces adaptées au froid

Aux pôles, les végétaux ont adopté une taille réduite. Ainsi ils se protègent du vent, économisent leur eau et se blottissent sous la neige pendant les longs mois d'hiver. Les animaux, eux, se sont dotés d'une épaisse fourrure, comme l'ours polaire, ou d'une couche de graisse protectrice, comme le phoque.

UN PEUPLE DE L'ARCTIQUE

- Les Inuits, appelés aussi Esquimaux, se sont installés dans les régions arctiques de la Sibérie, de l'Amérique du Nord et du Groenland il y a plus de 4 000 ans.
- Autrefois, ils se déplaçaient au gré des saisons pour pêcher et chasser le phoque, la baleine, le morse et le caribou.
- Aujourd'hui, ils vivent de plus en plus dans des villages permanents et travaillent dans tous les secteurs : mines, pétrole, administration, construction... Mais la pêche et la chasse constituent toujours une activité importante.

Cabane de chasse au Groenland.

Oasis en danger
Dunes menaçant une oasis, dans le désert du Sahel en Libye (Afrique).

Déserts froids, déserts chauds

Certains déserts sont brûlants, d'autres glacials, mais tous ont un point commun : le manque d'eau. Les déserts chauds, comme le Sahara en Afrique, sont situés en zone tropicale. Les déserts froids se rencontrent au cœur des continents, comme celui de Gobi en Mongolie, ou derrière de hautes barrières montagneuses, comme le désert du Tibet.

Une goutte d'eau par an !
Au nord du Chili, perché à 4 000 m d'altitude et bordant l'océan Pacifique, s'étend le désert d'Atacama. Ce vieux désert est le plus aride du monde. Il y tombe moins de 1 millimètre de pluie par an.

Le plus grand désert

Le Sahara occupe un quart du continent africain. Son climat est caractéristique des déserts chauds, avec des étés torrides, des hivers doux et des pluies exceptionnelles. Pendant les journées d'été, les températures sont élevées. En revanche, les nuits sont froides, car il n'y a pas de nuages pour retenir la chaleur.

Record de chaleur
Le record mondial a été enregistré en Libye avec 57,8 °C !

Vivre dans le désert

Les peuples du désert sont surtout des nomades. Ils se déplacent au gré des points d'eau avec leurs troupeaux de moutons, chèvres, dromadaires, chameaux ou yacks, à la recherche de pâturages. Les peuples sédentaires (qui ont des habitats fixes) vivent près des fleuves et des points d'eau. En creusant des puits et en aménageant des systèmes d'irrigation, ils ont créé des oasis où ils cultivent céréales, légumes et arbres fruitiers à l'ombre des palmiers-dattiers.

Les hommes bleus

Les Touareg, peuple nomade d'Afrique du Nord, doivent leur surnom d'« hommes bleus » à la teinte que donne à leur peau le voile bleu qu'ils portent pour se protéger du vent et du soleil.

En été, la température du désert de Gobi (Mongolie) s'élève à 40 °C, mais elle descend jusqu'à – 30 °C en hiver. Les rares habitants sont des nomades qui vivent dans des habitations démontables, des tentes appelées yourtes.

Les animaux-bolides
Les grands herbivores – gazelles, antilopes, girafes, zèbres… – doivent se déplacer rapidement pour trouver leur nourriture et échapper aux lions, aux léopards et aux guépards, capables d'atteindre 110 km/h !

La savane

La majeure partie de l'Afrique centrale est habillée d'un épais tapis d'herbes hautes, parsemé d'arbres et d'arbustes : la savane. Présente aussi en Amérique du Sud, en Asie et en Australie sur des étendues moindres, la savane se développe dans les régions tropicales où alternent une saison sèche et une saison humide.

Le baobab
Cet arbre, typique de la savane africaine, atteint jusqu'à 25 m de haut et son tronc peut mesurer plus de 12 m de diamètre ! De croissance lente, certains arbres auraient près de 2 000 ans…

De grands arbres majestueux

Les plantes poussent dès les premières pluies, puis meurent à la saison sèche. Les régions où la période sèche est longue ne possèdent ni arbres ni arbustes. En revanche, dans les régions où la saison sèche dure moins longtemps, poussent de grands arbres tels que le baobab.

Jaguar arpentant la savane, en bordure de la forêt (Guyane française).

Prairies...

Immenses étendues d'herbes s'étalant à perte de vue, les prairies se développent dans les régions tempérées mais continentales. Les herbes sont très hautes dans les régions humides et courtes dans les régions sèches. D'immenses prairies recouvrent ainsi le cœur des États-Unis. Elles se rencontrent aussi en Asie et en Europe. En Argentine, c'est la pampa.

La terre des cow-boys
Autrefois, les bisons parcouraient par dizaines de millions les immenses prairies des États-Unis pour se nourrir. Aujourd'hui, ces terres sont de vastes champs cultivés ou sont utilisées par des éleveurs, les cow-boys, qui y gardent des troupeaux.

Cow-boys poursuivant des mustangs dans la grande prairie américaine (ouest des États-Unis).

... et steppes

Les steppes constituent la transition entre les prairies et les déserts. Situées à l'intérieur des continents ou isolées par des chaînes de montagnes, elles reçoivent peu de pluie. Leur végétation se compose de plantes épineuses et de broussailles, qui laissent apparaître des plaques de sol nu.

FORÊTS DU MONDE

Quatre types de forêts

Les forêts sont présentes sur tous les continents. Pour s'implanter, elles ont besoin de températures supérieures à 10 °C au moins un mois dans l'année et d'au moins 500 millimètres de précipitation par an.

Quatre types principaux de forêts se succèdent des pôles à l'équateur.

1 La forêt boréale ou taïga est la plus vaste du monde. Composée essentiellement de conifères et de quelques rares feuillus, elle forme une ceinture dans les régions froides de l'hémisphère Nord.

2 Sur le pourtour de la mer Méditerranée, les forêts mêlent conifères et petits feuillus, adaptés à la sécheresse de l'été.

3 Les zones les plus arrosées des régions tropicales sont couvertes de forêts aux très grands arbres, les forêts tropicales.

4 Dans les régions tempérées, la forêt se compose surtout de feuillus. Les feuillus perdent leurs feuilles chaque automne, tandis que les conifères ont des aiguilles toute l'année.

La forêt amazonienne

De part et d'autre de l'équateur s'étend le plus grand océan de verdure du monde, la forêt amazonienne.

Le sous-bois humide et ombragé est le domaine des petits mammifères (tapirs, pécaris...), des insectes, des reptiles et des batraciens.

Dans les arbres de taille moyenne évoluent les jaguars, les anacondas et les grands singes.

Enfin, dans la voûte dense et continue des grands arbres, appelée la canopée, à 30 ou 40 m du sol, chauve-souris, singes et écureuils voisinent avec des millions d'insectes et une foule d'oiseaux multicolores (perroquets, toucans, colibris..).

Forêts en danger

Depuis quelques décennies, la forêt amazonienne, comme la forêt africaine, est mise en danger par les activités humaines. Des pans entiers sont déboisés pour installer de grands élevages et exploiter les bois tropicaux. L'équivalent d'un terrain de football disparaîtrait toutes les 7 secondes.

Estuaire ou delta

L'endroit où un fleuve se jette dans la mer s'appelle l'embouchure. Lorsqu'elle prend une forme triangulaire, elle est appelée delta. Quand, au contraire, elle prend une forme longue et évasée, elle est appelée estuaire.

Les fleuves du monde

À la surface des continents, fleuves et rivières dessinent de vastes rubans qui, inlassablement, s'écoulent vers la mer et modèlent le paysage. Depuis la nuit des temps, les fleuves jouent un rôle très important dans la vie des hommes. À la fois source de nourriture, réserve d'eau pour la consommation courante et l'irrigation des champs, ou encore source d'énergie, les fleuves permettent aussi le transport des hommes et des marchandises.

Puissant Amazone

Né dans les Andes péruviennes et courant sur plus de 6 400 km à travers l'Amérique du Sud, l'Amazone constitue le fleuve du monde au débit le plus important. Il contient, avec ses affluents, les 2/3 de l'eau douce liquide de la planète ! Lorsqu'il arrive à la mer, l'Amazone fait 240 km de large.

Le fleuve Amazone au Brésil

La puissance de ses eaux est capable de repousser jusqu'à 160 km vers le large l'eau salée de l'océan Atlantique.

Fleuve sacré

Respecté tout autant que redouté, le Gange naît dans l'Himalaya puis coule à travers l'Inde avant de finir sa course dans le golfe du Bengale, dans l'océan Indien. Il est considéré comme sacré par les hindous.

La vallée du Nil au milieu du désert, près de Louxor (Égypte).

Le plus long fleuve du monde

Serpentant sur 6 670 km à travers l'Afrique, le Nil est le plus long fleuve du monde. Il prend sa source au centre de l'Afrique puis traverse des montagnes et des forêts tropicales avant de rejoindre le désert qu'il coupe d'une longue bande verdoyante. Il atteint enfin la mer Méditerranée où il s'étale en un immense delta.

NOBLES MONTAGNES

De gros bourrelets

Si les montagnes n'existaient pas, la Terre offrirait un spectacle bien monotone ! Les montagnes se rencontrent sur tous les continents, où elles forment en général de grandes chaînes, sortes de gros bourrelets à la surface de la Terre. Leurs reliefs, comme de puissants remparts, barrent le passage des nuages et influencent le climat de la planète.

Elles grandissent encore...

Aujourd'hui encore, les Alpes comme l'Himalaya continuent de grandir.

L'Himalaya s'élève de 3 centimètres par an. Mais comme il est érodé en permanence, il ne gagne en fait qu'un centimètre.

Les Alpes, elles, s'élèvent chaque année de quelques millimètres.

Ça use, ça use !

Alors même qu'elles s'élèvent, les montagnes sont attaquées de toutes parts : c'est ce qu'on appelle l'érosion. La pluie, le gel, la glace attaquent la roche, sculptant parfois des formes étranges. Les torrents grignotent les flancs, creusent des vallées. Les roches, transportées par les cours d'eau, sont transformées en galets, cailloux puis grains de sable. Ils se déposent dans le lit des rivières et des fleuves, puis gagnent la mer. Ce lent processus rabote peu à peu les plus hautes montagnes.

1 S'étirant sur 1 200 km, la chaîne des Alpes est la plus longue et la plus haute chaîne de montagnes d'Europe. Son sommet, le mont Blanc, culmine à 4 807 m.

2 En creusant la roche, la rivière a dévoilé ce splendide orgue basaltique.

3 Les demoiselles coiffées de Théus, Hautes-Alpes. Un chef-d'œuvre de l'érosion aussi appelé cheminées de fée.

4 L'Himalaya est la plus importante chaîne de montagnes du monde. Elle dessine une immense barrière longue de 2 500 km et large de 400 km. Plusieurs sommets dépassent 8 000 m. Le plus haut de tous, l'Everest, atteint 8 850 m !

6

UNE TERRE VIVANTE

La Terre réunit tous les ingrédients indispensables à la vie : elle est à la bonne distance du Soleil pour qu'il ne fasse ni trop chaud ni trop froid, l'eau y existe sous forme liquide, et le douillet coussin d'air qui l'enveloppe permet aux êtres vivants de respirer. Résultat : la vie a bien profité de ce petit miracle…

Un têtard en fin de métamorphose.

Une Terre grouillante de vie

Notre planète abrite une quantité incroyable d'animaux, plantes, champignons et autres minuscules microbes. On connaît aujourd'hui près de 2 millions d'espèces et beaucoup restent à découvrir. La majorité d'entre elles vit dans les régions tropicales car l'humidité, le soleil et les températures élevées favorisent le développement de la vie.

Une couche protectrice
L'atmosphère laisse passer une partie des rayons du Soleil et piège les rayons chauds émis par la Terre durant la nuit. Sans elle, la température moyenne ne serait pas de 15 °C mais de –20 °C !

Bien emmitouflée...

La Terre est enveloppée d'une couche de gaz épaisse d'environ 1000 km, l'atmosphère. Les gaz qui la composent (essentiellement de l'oxygène et de l'azote) protègent les plantes et les animaux des rayons nocifs du Soleil et régulent la température.

Animaux bien cachés
Un léopard se baignant dans une petite rivière de la forêt guyanaise (Guyane française).

La faune des « fumeurs noirs »
Au fond des océans se cachent des cheminées, appelées « fumeurs noirs », qui crachent de la fumée et de l'eau brûlante. Là, prolifèrent bactéries, vers et palourdes géantes, crustacés et poissons.

La vie est partout

La vie existe même là où elle semble impossible. Autour des volcans, de minuscules organismes barbotent dans des sources et des mares de boue chauffées à plus de 100 °C. À l'inverse, des bactéries supportent des températures inférieures à −17 °C, dans les glaces du pôle Sud. Les scientifiques ont même découvert dans les années 1970, à plus de 2 000 m au fond des océans, une faune étrange aux abords de sources brûlantes.

LES PREMIERS ÊTRES VIVANTS

La vie s'est installée sur Terre, ou plus exactement dans les mers, il y a près de 4 milliards d'années. Il s'agissait d'êtres minuscules, semblables à des bactéries. Au fil du temps, ils se sont modifiés pour donner une multitude d'êtres vivants. Au cours de l'évolution, les animaux se sont adaptés à tous les climats, à tous les habitats, mers, forêts, déserts brûlants ou montagnes glacées… en se parant d'écailles, de plumes, de poils ou de carapaces…

Le crocodile de mer est un cousin du crocodile du Nil. Il possède une petite glande qui lui permet de voyager dans les eaux salées.

Des espèces apparaissent…
… d'autres disparaissent

Toutes les espèces ne sont pas apparues en même temps. Celles qui vivent aujourd'hui descendent de formes de vie plus anciennes, qui se sont modifiées au fil du temps. Les espèces les moins adaptées à leur milieu s'éteignent peu à peu. À l'inverse, les plantes ou les animaux les mieux adaptés ont plus de chance de survivre et de donner naissance à des petits qui leur ressemblent. C'est ce qu'on appelle l'évolution.

Le cou de la girafe
Les girafes au long cou broutaient facilement le haut des arbres. Mieux nourries, elles se sont reproduites davantage que les girafes au cou plus court. Aujourd'hui, toutes les girafes ont un long cou !

Pourquoi les dinosaures ont-ils disparu ?

La chute d'une météorite géante ou des éruptions volcaniques exceptionnelles seraient responsables de la disparition des dinosaures, il y a 65 millions d'années. Un énorme nuage de poussières aurait voilé le Soleil. Les plantes, privées de lumière et de chaleur, seraient mortes, affamant les animaux qui les mangeaient, puis les animaux se nourrissant de ces derniers.

Animaux géants
Les dinosaures sont les plus grands animaux que la Terre ait jamais portés.

Les « lézards terribles »

En 1822, l'Anglais Gideon Mantell découvre des os et des dents d'une taille impressionnante. Quelques années plus tard, un autre Anglais, Richard Owen, invente le mot « dinosaure », qui signifie « lézard terrible », pour qualifier ces géants.

Après la mort
D'habitude, quand une plante ou un animal meurt, il est dévoré par un autre animal ou bien il se décompose peu à peu.

Les fossiles, témoins du passé

Les fossiles sont des restes ou des empreintes d'êtres vivants, conservés dans des sédiments. Ils revêtent une multitude de formes : coquilles, os, dents, empreintes de pas, squelettes, crottes pétrifiées, bouts de bois, graines…

La formation d'un fossile

1. La plante ou l'animal tombe au fond d'un océan, d'un lac ou d'une mare. 2. Il est peu à peu recouvert par des sédiments. Les parties molles se décomposent, les parties dures sont conservées. 3. Au bout de plusieurs millions d'années, les sédiments deviennent roche, fossilisant les restes de la plante ou de l'animal. 4. Les roches se plissent lors de la formation d'une montagne, par exemple, et l'érosion permet de découvrir le fossile.

Une ammonite, mollusque fossile à coquille enroulée.

Les spécialistes des fossiles

Les paléontologues, les spécialistes des fossiles, essaient de retracer l'histoire de la vie grâce aux indices fournis par les fossiles. Ils ont ainsi pu déduire du plus vieux fossile jamais découvert que la vie était apparue sur Terre il y a au moins 3,8 milliards d'années !

L'origine des roches

La croûte qui enveloppe la Terre est constituée de roches. Sur les pentes d'un volcan, le flanc d'une montagne ou au bord de la mer, on rencontre des roches aux couleurs et à l'aspect très différents, car elles n'ont pas la même histoire.

• Les roches sédimentaires

Les roches sédimentaires sont formées de débris de coquilles et de fragments de roches, arrachés aux paysages par la pluie, le vent et les glaciers. C'est dans ces roches (sables, calcaires, grès...) que l'on trouve les fossiles.

• Les roches magmatiques

Les roches magmatiques, elles, proviennent des profondeurs de la Terre. Il s'agit de magma refroidi.

• Les roches métamorphiques

Quand la croûte terrestre bouge, les roches sont écrasées, étirées et chauffées. Les roches métamorphiques, telles que l'ardoise ou le marbre, ont été transformées par les hautes températures et les fortes pressions qui règnent sous terre.

Roche plutonique ou volcanique ?
Si le magma remonte à la surface, la lave refroidie forme des roches volcaniques. Parfois le magma ne remonte pas et se solidifie sous la terre, et donne des roches plutoniques (Pluton était le dieu du monde souterrain).

La craie est une roche sédimentaire.

Le granite est une roche magmatique.

L'ardoise est une roche métamorphique.

Les premiers hommes

Le plus vieux fossile d'être humain que l'on connaisse a été découvert en Afrique. Ce lointain ancêtre vivait il y a 7 millions d'années. Baptisé Toumaï, il mesurait environ 1,20 m et marchait debout. En quelques millions d'années (une fraction de seconde comparée à l'âge de la Terre !), son corps s'est modifié, il a inventé les premiers outils, apprivoisé le feu, appris à parler, exploré de nouveaux territoires, créé des œuvres d'art… Pour évoluer vers l'espèce dont nous faisons tous partie aujourd'hui : l'*Homo sapiens*.

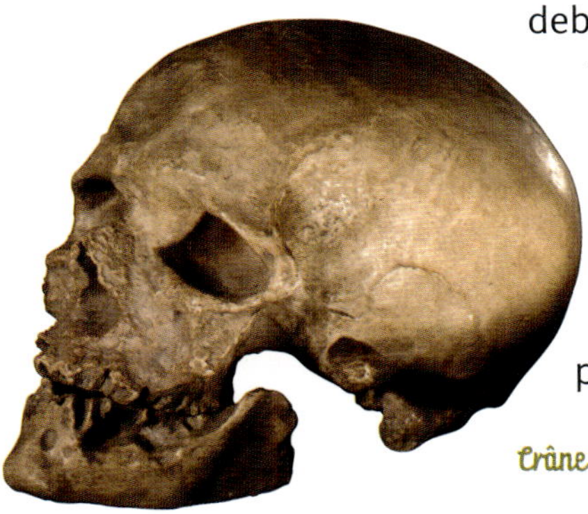

Crâne de l'homme de Cro-Magnon, notre lointain cousin.

Des *Homo sapiens* par milliards

Aujourd'hui, 7 milliards de Terriens peuplent notre planète. Chaque seconde, il y a 4 naissances et 2 décès. Soit 173 000 personnes de plus chaque jour. À ce rythme, notre planète devrait compter 10 milliards d'habitants vers 2100.

Des espèces menacées

L'homme aujourd'hui prend beaucoup de place et ce, au détriment des autres espèces avec lesquelles il partage la planète.
Ainsi, la survie de plus de 20 000 espèces est aujourd'hui menacée !
Le rhinocéros, la tortue, le tigre ou le léopard des neiges sont massacrés pour leur corne, leur carapace, leurs os ou leur peau.
La chasse et la pêche déciment des populations entières, tandis que la pollution et la destruction des forêts privent bon nombre de plantes et d'animaux de leur habitat.
Certaines espèces, comme le dodo, le loup de Tasmanie ou la perruche de Caroline ont déjà complètement disparu.

La Terre, un trésor à protéger

Robuste et fragile à la fois, tour à tour meurtrière et source de vie, la Terre, théâtre aux multiples décors, offre aux quatre coins du globe de fabuleux spectacles. Pourtant, lorsque l'homme pollue l'air et l'eau, lorsqu'il détruit plantes et animaux, et entasse chaque jour des tonnes de déchets, il menace sans cesse ce bien si précieux... Et nous en sommes tous un peu responsables. Si nous voulons profiter encore longtemps de notre belle Terre, il revient à chacun de nous de faire un petit effort.

Une merveille de la nature à protéger.

LES JEUX

Grille cachée

Pour chaque ligne, écrivez la réponse à la question (une lettre par case et sans article). Vous découvrirez alors dans la zone verte, quelle planète, formée il y a 4,6 milliards d'années, est sans doute la seule à abriter la vie...

Questions

1. Il y a 250 millions d'années, les continents se réunissaient pour former un unique grand continent. Quel est son nom ?

2. Quelle est la plus haute chaîne de montagnes du monde ?

3. Comment s'appellent les spécialistes des volcans ?

4. Quel est le seul satellite naturel de la Terre ?

5. Comment s'appelle le trou situé au sommet ou sur les côtés d'un volcan, par lequel la lave s'échappe lors d'une éruption ?

6. Quel nom donne-t-on aux vagues géantes provoquées par un tremblement de terre ou une éruption volcanique sous-marine, qui peuvent occasionner de graves dégâts en arrivant sur les côtes ?

7. Comment s'appelle la zone calme et chaude, où le ciel apparaît souvent dégagé, située dans la partie centrale d'un cyclone ?

8. Comment s'appellent les montagnes qui serpentent sur plus de 60 000 km au fond des océans ?

9. Quel mot sert à qualifier les régions du pôle Nord ?

10. Quel terme est employé pour désigner les peuples sans habitations fixes qui se déplacent avec leurs troupeaux au gré des points d'eau ?

11. Quelle île du Pacifique, grande comme 14 fois la France, occupe la plus grande partie de l'Océanie ?

12. La quantité d'eau sur Terre est la même depuis près de 4 milliards d'années. Vrai ou faux ?

13. Comment s'appelle la ligne imaginaire qui divise la Terre en deux hémisphères ?

Réponses : 1/Pangée ; 2/ Himalaya ; 3/vulcanologues ; 4/ Lune ; 5/ cratère ; 6/ tsunami ; 7/ œil ; 8/dorsales océaniques ; 9/ arctique ; 10/nomades ; 11/ Australie ; 12/ vrai ; 13/ Équateur ; et le mot caché est la « planète Terre ».

LES INFOS UTILES

Les sites Internet

http://terre.haplosciences.com/dossiers.html

Des dossiers sur la Terre et l'environnement (atmosphère, cycle de l'eau, tectonique des plaques, volcans, les continents...). Un peu austère mais très utile pour faire un exposé.

http://www.brainpop.fr/sciencesdelaterre/

De petites vidéos qui expliquent simplement comment tourne le monde !

Sur le système solaire

http://education.francetv.fr/soleil/syssol.htm?noredirection

Une animation interactive avec une partie « théorie » pour apprendre l'essentiel sur le système solaire et une partie « pratique » avec des exercices amusants.

http://www.esa.int/esaKIDSfr/

Un site pour apprendre, s'amuser, expérimenter et tout savoir sur le système solaire.

Sur les phénomènes naturels

http://www.fondation-lamap.org/sites/default/files/upload/media/minisites/projet_risques/animations/volcans/eruptions-volcaniques.html

Un site ludique et interactif pour découvrir ce qui provoque les colères de la Terre et comment s'en protéger.

Sur l'eau

http://www.eaurmc.fr/juniors/#

Des fiches pédagogiques pour comprendre le cycle de l'eau, les milieux aquatiques..., et un quizz pour tester ses connaissances.

www.cieau.com/cieau-junior

Tout savoir sur l'eau en dix chapitres et des jeux pour apprendre en s'amusant.

Sur les premiers hommes

http://planetejeanjaures.free.fr/histoire/prehistoire/homme1.htm

www.dinosoria.com/evolution_homme.htm

Deux sites qui racontent l'évolution de l'Homme, depuis les premiers hominidés.

Les livres

Documentaires

Le Ciel à petits pas
(Michèle Mira Pons, Actes Sud Junior, 2010)

Copain du ciel
(Claudine et Jean-Michel Masson, Milan, 2013)

Ma Terre vue de l'espace
(Olivier Blond, Yann Arthus-Bertrand, De La Martinière Jeunesse, 2014)

Mon Atlas ma planète
(Mila Éditions, 2005)

Planète Terre
(Albin Michel Jeunesse, « Les Petits Débrouillards », 2006)

Les Volcans et leurs éruptions
(Jacques-Marie Bardintzeff, Le Pommier, 2013)

Volcans et séismes à la loupe
(Kenneth Rubin, Larousse, 2008)

« Fiction documentaire »

George et les secrets de l'univers
(Lucy et Stephen Hawking, Pocket Jeunesse, 2011)

Jeux et DVD

Défis Nature
(Éditions Bioviva)

Volcans, séismes et tout le tremblement
(France 3 Éditions, « C'est pas sorcier », 2004)

Les musées

La Cité de l'espace à Toulouse Le Parc de l'aventure spatiale

Avenue Jean-Gonord 31500 Toulouse

En plus de la visite, la Cité de l'espace propose des séances IMAX et un planétarium.

Vulcania

Centre européen du volcanisme
63230 Saint-Ours-les-Roches

Des expositions, des spectacles et un parcours-aventure spécialement conçu pour les enfants de 5 à 8 ans.

Palais de la Découverte

Avenue F.-D.-Roosevelt 75008 Paris

Espace Géosciences et espace Sciences de la vie : des expositions sur la Terre, les climats, le monde vivant...
Des animations et des expériences sont proposées au jeune public.

Le muséum national d'Histoire naturelle

Jardin des plantes
rue Geoffroy-Saint-Hilaire, rue Cuvier, rue Buffon, place Valhubert 75005 Paris

Découvrir le monde minéral, végétal et animal à travers des expositions, des galeries, des jardins, des ménageries et des parcs zoologiques, à Paris mais aussi aux quatre coins de la France.

Pour plus d'informations, consulter le site www.mnhn.fr/

INDEX

CRÉDITS

p. 3 de couverture © Hachette Livre ; p. 4, 5 © NASA ; p. 6 © Emmanuel Beaudouin ; p. 7, 8, 10, 11 © NASA ; p. 13 © Olivier Audy ; p. 16 © James A. Sugar ; p. 17, 18-hg © Roseline Talbot ; p. 18-bg Archives Flammarion ; p. 18-d © Olivier Audy ; p. 19 © Jacques-Marie Bardintzeff ; p. 20-h © Bios/Schafer & Hill/Peter Arnold ; p. 20-b © akg-images ; p. 21 © Still Picture /Lo Tsung Hsien/UNEP ; p. 23 © AFP/Tsuno Yoshikazu ; p. 24 © Phone/Calvo Kite/Visual and Written ; p. 28 © Bios/Theo Allofs ; p. 29 © Bios/Noorani Shehzad/Still Picture ; p. 30-h © Bios/Kent Keith/Peter Arnold ; p. 30-b © Bios/Faidley Warren/OSF ; p. 31 © Bios/Faidley Warren/OSF ; p. 32 Emile Barbelette ; p. 33 © Bios/Pierre Vernay/Polar Lys ; p. 36-d © Patrick de Wilde ; p. 36-g © Bios/Régis Cavignaux ; p. 37 © Bios/Frederick Vernay/Polar Lys ; p. 38 © Bios/Voltchev Vesselin/UNEP/Still picture ; p. 39 © Bios/Sochurek ; p. 40 © Thierry Montford ; p. 41 © Bios/Klein et Hubert ; p. 42-h © Bios/Michel Bureau ; p. 42-b © Fabrice Milochau ; p. 43-h © Thierry Montford ; p. 43-b © Fabrice Milochau ; p. 44 © Bios/Still/Luiz C. Marigo/Peter Arnold ; p. 45 © M. Lang ; p. 46-h © Fabrice Milochau ; p. 46-b © Roseline Talbot ; p. 47-h © Fabrice Milochau ; p. 47-b © Jean-Marc Porte ; p. 48 © Bios/Thierry Montfort ; p. 49 © Thierry Montford ; p. 50 © Frédéric Presles ; p. 52 © Eric Millet ; p. 53-g, 53-m © The Natural History Museum, Londres (Royaume-Uni) ; p. 53-d © André M.Winter ; p. 54 © Philippe Plailly/LookatSciences ; p. 55 © Roseline Talbot

Recherche iconographique et légendes : Isabelle Magos.
Les illustrations sont de Pierre Beaucousin.

La carte de la page 2 de couverture a été réalisée par Alice Nominé.
La carte de la page 3 de couverture a été réalisée par Tanguy de Rémur, dressée sous la direction de Xavier Le Pichon du Centre National pour l'Exploitation des Océans et d'après les relevés bathymétriques établis par Bruce C. Heenzen et Marie Tharp du Lamont Doherty Geological Observatory (Université de Columbia), projection Mercator – échelle 1/48 000 000 à l'Equateur, profondeurs et élévations en mètres.

DÉCOUVREZ LES PREMIERS CASTOR DOC

écrit par CLARA DELPAS et
PATRICIA CHAIROPOULOS

Comment vivaient les premiers hommes ? Qui étaient-ils ? Une reconstitution de la vie de Cro-Magnon, notre ancêtre le plus direct, qui s'appuie sur les dernières découvertes archéologiques, pour mieux comprendre les origines de l'homme.

ISBN 978-2-0813-0563-2

écrit par
EMMANUELLE FUMET

Qui étaient ces Gaulois qui ont vécu sur le territoire de la France, il y a 25 siècles ? D'où venaient-ils ? Quel était leur quotidien ? Une invitation à découvrir la vie de ces peuples de guerriers, de paysans et d'artisans.

ISBN 978-2-0812-8710-5

écrit par
CÉCILE MARAIS

Comment a-t-on construit les châteaux forts ? Pourquoi ces forteresses ? Étaient-elles vraiment imprenables ? Comment vivait-on à l'intérieur ? Une plongée au cœur du Moyen Âge et un aperçu de l'attaque et du siège des châteaux forts.

ISBN 978-2-0812-8708-2

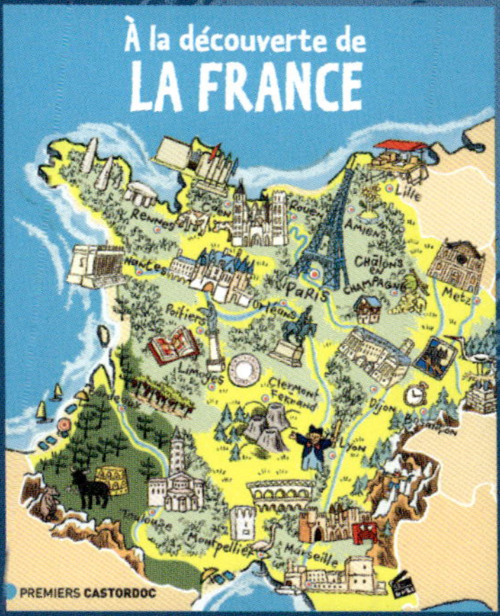

écrit par
ESTELLE VIDARD

Qu'est-ce qui définit la France ? Son littoral qui borde la moitié du pays ? Ses terres aux quatre coins du monde ? Ses montagne qui couvrent un quart du territoire ? Ses villes, ses villages ? Ses habitants ? Et si la France, c'était tout cela à la fois ?

ISBN 978-2-0812-8706-8

Imprimé en Espagne par Edelvives en juillet 2014
N° d'édition : L.01EJEN000953.N001
Dépôt légal : août 2014
Loi n° 49-956 du 16 juillet 1949 sur les publications destinées à la jeunesse